AF382203

COMPRENDRE
LA LITTÉRATURE

ANDRÉ GIDE

Les Faux-monnayeurs

Étude de l'œuvre

1 rue Honoré - 93500 Pantin.

ISBN 978-2-75930-477-6

Dépôt légal : Février 2020

Impression Books on Demand GmbH

In de Tarpen 42

22848 Norderstedt, Allemagne

SOMMAIRE

• Biographie d'André Gide..................................... 9

• Présentation des *Faux-monnayeurs*....................... 15

• Résumé du roman....................................... 21

• Les raisons du succès.................................. 43

• Les thèmes principaux................................. 49

• Étude du mouvement littéraire........................ 59

• Dans la même collection.............................. 65

BIOGRAPHIE
D'ANDRÉ GIDE

André Gide, né le 22 novembre 1869 à Paris, voit le jour dans une famille de la haute bourgeoisie protestante. Son père, Paul Gide, est professeur de droit à la faculté de Paris, tandis que sa mère, Juliette Rondeaux, descend d'une famille de riches bourgeois normands convertis au protestantisme. L'enfance de Gide est marquée par un mélange d'austérité et d'affection maternelle, cette dernière jouant un rôle déterminant dans son éducation. Après la mort prématurée de son père en 1880, André se retrouve seul avec une mère protectrice, souvent perçue comme étouffante.

Dès son plus jeune âge, Gide montre des signes de sensibilité exacerbée et connaît une scolarité troublée. Il est d'abord renvoyé de l'École alsacienne à cause de problèmes de comportement, avant d'être retiré à plusieurs reprises des cours pour des raisons de santé nerveuse. Il oscille entre divers établissements et précepteurs particuliers, ce qui l'isole de ses camarades, mais lui permet d'explorer le monde des lettres et des arts. C'est à cette période qu'il se lie d'amitié avec Pierre Louÿs, rencontré au lycée, une amitié marquée par une passion commune pour la littérature.

Le décès de sa mère en 1895, bien qu'une perte douloureuse, marque un tournant dans sa vie. Libéré de l'emprise maternelle, il commence à affirmer son indépendance morale et spirituelle. Sa rencontre avec Oscar Wilde en 1891 en Afrique du Nord est également déterminante pour Gide, lui permettant d'assumer enfin son homosexualité, un aspect central de son identité qu'il explore tout au long de sa vie. Bien qu'il épouse sa cousine Madeleine en 1895, ce mariage reste platonique, Madeleine étant réticente face à cette union.

Les premiers écrits de Gide, influencés par le symbolisme, comme *Les Cahiers d'André Walter* (1891), rencontrent un accueil mitigé. Toutefois, il persévère dans sa quête littéraire, et en 1897, la publication de *Les Nourritures terrestres* marque une rupture avec l'austérité de son éducation religieuse. Ce texte, exaltant les plaisirs des sens et l'épanouissement personnel, lui permet de se détacher définitivement des influences morales et religieuses qui avaient pesé sur sa jeunesse. *Les Nourritures terrestres* est un appel vibrant à la liberté individuelle, à l'expérimentation et à l'affranchissement des conventions.

Dans les années qui suivent, Gide s'affirme de plus en plus comme une figure clé du paysage littéraire français. Il se lie d'amitié avec des écrivains majeurs de l'époque, tels que Paul Valéry et Francis Jammes, et participe à la création de la Nouvelle Revue Française (NRF) en 1908, qu'il dirige de 1909 à 1914. Cette revue devient un centre d'influence pour de nombreux écrivains du début du XXe siècle, et Gide y défend des idées d'une rigueur classique, tout en prônant une liberté totale dans les idées.

Gide explore dans ses œuvres des thèmes universels et personnels. Dans *L'Immoraliste* (1902), il met en scène un personnage qui, après avoir frôlé la mort, se libère des conventions sociales pour rechercher une vie plus authentique, un écho clair de ses propres luttes internes. *La Porte étroite* (1909) prend un contre-pied de cette quête en proposant un récit marqué par la résignation et le rejet des pulsions amoureuses. Gide y interroge la tension entre le désir et la morale religieuse, un thème qu'il approfondira dans *La Symphonie pastorale* (1919), où un pasteur tombe amoureux d'une jeune aveugle qu'il a recueillie. Ces romans, bien que différents dans leur approche, révèlent tous la complexité morale et spirituelle de l'auteur, ainsi que son rejet des solutions simples.

La Première Guerre mondiale marque un autre tournant dans la vie de Gide. En 1914, il publie *Les Caves du Vatican*, une œuvre burlesque et décousue dans laquelle il introduit sa célèbre théorie de « l'acte gratuit », illustrée par son personnage Lafcadio. Ce concept philosophique, qui interroge la moralité de nos actions, marque une nouvelle étape dans la réflexion de Gide sur la liberté individuelle. Ce roman préfigure son chef-d'œuvre *Les Faux-monnayeurs* (1925), une œuvre majeure où il déconstruit les conventions romanesques classiques en explorant la multiplicité des intrigues et des points de vue. Ce livre, complexe et novateur, impose Gide comme un auteur moderne, ouvrant la voie à des mouvements littéraires comme le Nouveau Roman.

Au-delà de la littérature, Gide s'intéresse aux grands enjeux politiques et sociaux de son époque. En 1926, lors d'un voyage en Afrique noire, il découvre les réalités brutales du colonialisme et publie *Voyage au Congo* (1927), où il dénonce les abus des compagnies coloniales européennes. Dans les années 1930, séduit par l'idéologie communiste, il effectue un voyage en URSS en 1936, mais revient désillusionné. Dans *Retour de l'URSS* (1936), il critique violemment le stalinisme, ce qui lui vaut d'être violemment attaqué par les communistes. Sa désillusion ne s'arrête pas là, puisqu'il dénonce aussi la montée du fascisme en Europe avec autant de virulence.

Durant la Seconde Guerre mondiale, Gide refuse de s'associer au régime de Vichy et se retire de la vie publique jusqu'à la Libération. En 1947, il reçoit le prix Nobel de littérature, récompensant l'ensemble de son œuvre et son influence sur la littérature française. Malgré les critiques et les controverses qui ont souvent accompagné sa carrière, Gide est honoré comme l'un des plus grands écrivains français de son époque.

André Gide meurt le 19 février 1951 à Paris, à l'âge de 81 ans. Son œuvre prolifique, qui comprend des romans, des essais, des pièces de théâtre et des écrits autobiographiques, continue d'influencer la littérature et de susciter l'intérêt par sa complexité et sa profondeur. À travers ses écrits, Gide a constamment cherché à concilier la liberté individuelle avec une quête incessante de vérité, refusant le conformisme moral, religieux ou politique, et laissant derrière lui une œuvre à la fois intime et universelle.

PRÉSENTATION DES FAUX-MONNAYEURS

Les Faux-monnayeurs d'André Gide, publié en 1925 dans *La Nouvelle Revue française*, est une œuvre audacieuse qui se distingue par son approche novatrice et sa complexité. Le roman, composé de trois parties, se déroule autour d'une multitude de personnages dont les vies s'entrecroisent de manière parfois imprévisible, créant un réseau dense de relations et d'événements. À travers cette mosaïque de destins, Gide nous plonge dans un univers où les intrigues se multiplient, chacune révélant une facette différente des thématiques centrales de l'œuvre.

Le récit s'ouvre sur l'histoire de Bernard Profitendieu, un jeune homme qui découvre par hasard qu'il est un enfant illégitime. Ce choc initial le pousse à fuir le domicile familial, déclenchant ainsi une série d'événements qui le conduiront à rencontrer d'autres personnages clés, tels qu'Olivier Molinier et son oncle, l'écrivain Édouard. Édouard, figure centrale du roman, incarne en partie l'alter ego de Gide, et son parcours de romancier en quête d'inspiration se confond avec le fil conducteur du récit. Édouard travaille lui-même sur un livre intitulé *Les Faux-monnayeurs*, créant ainsi une mise en abyme intrigante où l'écriture devient à la fois le sujet et l'objet du roman.

L'un des aspects les plus marquants des *Faux-monnayeurs* est la manière dont Gide éclate le récit en plusieurs fils narratifs qui se développent simultanément. Les histoires des différents personnages ne suivent pas une progression linéaire mais s'entrelacent, se croisent et se répondent de manière subtile. Par exemple, la relation entre Olivier et Édouard explore non seulement les liens familiaux et affectifs, mais aussi les tensions créées par la quête d'identité et de sens. Olivier, jeune homme sensible et introspectif, se trouve tiraillé entre l'affection pour son oncle et son propre besoin de se définir en dehors de l'influence d'Édouard.

La multiplicité des intrigues reflète également les thématiques profondes du roman, telles que la quête de vérité, le mensonge, et la duplicité. Le titre même, *Les Faux-monnayeurs*, évoque cette idée de tromperie et de fausse apparence, qui se manifeste non seulement à travers l'histoire littérale du trafic de fausse monnaie, mais aussi dans les comportements des personnages. Chacun d'eux semble, à un moment ou à un autre, jouer un rôle ou dissimuler sa véritable nature, que ce soit par hypocrisie, par auto-illusion ou par nécessité sociale.

Le roman se distingue aussi par son approche non conventionnelle du récit. Gide ne s'en tient pas à un seul point de vue mais fait alterner les perspectives, permettant au lecteur de voir les événements à travers les yeux de différents personnages. Cette technique enrichit la lecture en offrant une vision multiple et nuancée des situations, et en mettant en lumière les contradictions et les ambiguïtés de chaque personnage. Par exemple, la relation complexe entre Bernard et Olivier est explorée sous plusieurs angles, révélant les doutes, les espoirs et les désillusions qui animent chacun d'eux.

Les Faux-monnayeurs se distingue par une construction où les réflexions sur l'art et la création littéraire occupent une place centrale. Édouard, en tant qu'écrivain, interroge constamment la nature de la vérité et de la fiction, et ces interrogations se répercutent sur l'ensemble du roman. La mise en abyme, où le livre dans le livre devient un miroir de l'œuvre elle-même, permet à Gide d'explorer la frontière floue entre la réalité et la fiction, et de questionner le rôle de l'écrivain en tant que créateur de mondes fictifs.

La richesse thématique de l'œuvre est également renforcée par une utilisation subtile des symboles et des motifs récurrents. Le faux-monnayage, en tant que métaphore, est omniprésent, symbolisant la falsification non seulement matérielle mais aussi morale et spirituelle. Les personnages, souvent en quête de leur propre identité, se confrontent à leurs doubles, leurs masques, et leurs mensonges, créant un jeu de miroirs qui reflète leurs propres contradictions.

Enfin, *Les Faux-monnayeurs* est un roman qui refuse les solutions simples. Les questions soulevées restent souvent sans réponse, laissant le lecteur face à l'incertitude et au doute. Cette ouverture, loin d'être un défaut, est au contraire l'une des forces de l'œuvre, qui invite à une réflexion profonde sur la nature humaine, les choix moraux, et les illusions qui façonnent notre réalité. André Gide, à travers cette œuvre, s'impose non seulement comme un observateur aigu de son époque, mais aussi comme un innovateur qui repousse les limites du genre romanesque, en explorant de nouvelles voies pour exprimer la complexité de la vie et de l'esprit humain.

RÉSUMÉ DU ROMAN

PREMIÈRE PARTIE : PARIS

I

Dans ce premier chapitre des *Faux-monnayeurs* d'André Gide, nous découvrons Bernard Profitendieu, un jeune homme qui, en préparant son baccalauréat, fait une découverte bouleversante : il lit une vieille lettre d'amour adressée à sa mère, qui révèle qu'il est un enfant illégitime. Cette révélation le pousse à remettre en question son identité et son lien avec sa famille. Déterminé à quitter la maison familiale, Bernard décide de partir et cherche refuge auprès de son ami Olivier Molinier. Lors d'une rencontre dans le jardin du Luxembourg, Bernard informe Olivier de sa décision. Bien qu'Olivier accepte de l'accueillir pour la nuit, il est visiblement troublé par la demande soudaine de Bernard. En parallèle, d'autres jeunes gens discutent autour d'eux, révélant un tableau de la jeunesse parisienne, marquée par les débats intellectuels et les préoccupations littéraires.

II

Monsieur Profitendieu rentre chez lui après une journée de travail avec son collègue, Monsieur Molinier. En rentrant, il est troublé par une lettre que son fils, Bernard, a laissée avant de quitter la maison. Dans cette lettre, Bernard révèle qu'il a découvert qu'il n'est pas le fils biologique de Profitendieu et exprime son intention de partir définitivement. Bouleversé par cette révélation et par la cruauté des mots de Bernard, Profitendieu est en proie à un mélange de tristesse et de douleur physique. Il tente de cacher la vérité à sa femme, Marguerite, et à leurs autres enfants, inventant une histoire pour justifier le départ de Bernard. Marguerite, cependant, comprend la vérité en lisant la lettre, ce qui ravive en elle un profond sentiment de culpabilité et de regret.

III

Bernard se réfugie chez son ami Olivier après avoir quitté la maison familiale. Olivier, surpris mais admiratif de la détermination de Bernard, essaie de comprendre les raisons de son départ. Bernard, bien que réticent à partager les détails, assure qu'il ne retournera pas chez lui et qu'il est prêt à affronter les défis qui l'attendent. Les deux amis discutent longuement, abordant des sujets personnels et sensibles, notamment la première expérience amoureuse d'Olivier, qui l'a laissé désillusionné. Ils finissent par s'endormir ensemble, renforçant leur complicité malgré les incertitudes qui pèsent sur l'avenir de Bernard.

IV

Vincent Molinier, étudiant en médecine et frère aîné d'Olivier, sort chaque soir non pour rejoindre une maîtresse, mais pour se rendre chez le comte de Passavant, où il soigne le père malade de ce dernier. Vincent, ayant perdu une somme importante au jeu, se trouve dans une situation financière difficile, d'autant plus qu'il doit soutenir Laura, une jeune femme mariée qu'il a mise enceinte. Le comte Robert de Passavant, pour des raisons secrètes, offre de prêter à Vincent l'argent qu'il a perdu, mais en contrepartie, il l'incite à retourner jouer.

V

Robert de Passavant discute avec Lilian Griffith à propos de Vincent Molinier, à qui il a prêté de l'argent pour jouer.

Lilian révèle son intérêt pour Vincent, exprimant sa fascination pour lui, malgré les doutes de Robert sur son intérêt véritable. Vincent revient plus tard, triomphant, après avoir gagné une somme importante au jeu. Lilian, dans un geste discret, lui donne une petite clé, celle de son appartement, avant qu'il ne parte, indiquant qu'il reviendra plus tard. Pendant ce temps, Laura, la maîtresse de Vincent, s'endort après avoir pleuré, tandis qu'Édouard, sur un navire en route pour la France, relit une lettre plaintive de Laura, évoquant sa détresse.

VI

Bernard se réveille aux côtés d'Olivier, se lève discrètement, puis quitte la chambre avant l'aube. Il se promène dans Paris, méditant sur sa situation, sa famille, et son avenir. En marchant, il réfléchit à son acte de lire les lettres de sa mère, trouvées par hasard, et à la révélation de sa véritable paternité. Il éprouve un mélange de soulagement et de confusion, se réjouissant de sa liberté nouvelle tout en se questionnant sur ses sentiments envers ses parents. Finalement, épuisé, il s'allonge sur un banc et s'endort à nouveau.

VII

Le chapitre s'ouvre sur Vincent, allongé près de Lilian, Griffith alors qu'il se réveille avec des pensées troublées. Lilian, observant son expression soucieuse, tente de le rassurer et l'encourage à se débarrasser de ses remords. Elle lui raconte une histoire personnelle marquante, dans laquelle elle a dû faire face à des choix cruels lors d'un naufrage, ce qui l'a endurcie. Vincent écoute, mais reste préoccupé. En quittant Lilian pour retrouver son frère Olivier, il médite sur l'insatisfaction qui accompagne la réalisation de ses désirs, ressentant un malaise sous-jacent malgré la satisfaction immédiate.

VIII

Édouard lit le livre de Robert de Passavant, *La Barre fixe*, lors de son voyage en train vers Paris. Il est irrité par le succès de Passavant et par les nombreux articles élogieux sur son livre, contrairement à l'accueil réservé à ses propres œuvres. Édouard relit ensuite une lettre désespérée de Laura, qu'il a aimée autrefois. Plongé dans ses réflexions, Édouard remet en question sa propre sincérité et celle de ses sentiments passés envers Laura. Il envisage les différences entre son approche artistique et celle de Passavant, notant que ce dernier se concentre davantage sur l'opportunité et la modernité éphémère. En arrivant à Paris, Édouard se demande s'il retrouvera Olivier à la gare, comme il l'a vaguement suggéré dans une carte postale, et il se prépare à faire face à cet éventuel moment de rencontre.

IX

Édouard et Olivier se retrouvent à la gare, mais leur rencontre est marquée par une maladresse émotionnelle. Chacun, paralysé par la crainte de paraître trop ému, cache ses sentiments et laisse place à des malentendus. Olivier prétend être là par hasard, ce qui refroidit Édouard, qui pense qu'Olivier n'est pas sincère. Le silence gêné entre eux est pesant, et malgré leurs efforts pour converser, ils ne parviennent pas à se rapprocher. Finalement, Édouard, croyant qu'Olivier souhaite partir, lui propose de se séparer, et Olivier, qui ressent la même gêne, accepte précipitamment. Ils se quittent sur un simple « adieu », laissant un profond sentiment de déception et d'incompréhension.

X

Bernard, après avoir passé la nuit sur un banc, se réveille avec un fort mal de tête et un sentiment de solitude. Il décide d'aller à la gare Saint-Lazare dans l'espoir de croiser Olivier. Lorsqu'il aperçoit Olivier en compagnie d'Édouard, un mélange de jalousie et d'incertitude le pousse à suivre discrètement le duo. Par hasard, Bernard ramasse un bulletin de consigne échappé de la main d'Édouard, ce qui lui donne l'idée de récupérer la valise d'Édouard. Après avoir réfléchi à la manière d'agir sans éveiller les soupçons, il parvient à retirer la valise de la consigne malgré son manque d'argent. Il découvre alors un portefeuille rempli de billets à l'intérieur. Bien qu'il envisage de rendre la valise, Bernard décide d'examiner son contenu dans un hôtel avant de réfléchir à la meilleure manière de s'expliquer avec Édouard. Il entreprend la lecture du journal du romancier, là où ce dernier s'était arrêté.

XI

Édouard, à travers son journal, relate sa rencontre fortuite avec son neveu Georges Molinier, qu'il ne connaissait pas auparavant. En le surprenant en train d'essayer de voler un livre sur un étalage, Édouard intervient discrètement et finit par acheter le livre pour lui. Plus tard, il découvre que Georges est le fils de sa demi-sœur Pauline, avec qui il a peu de relations. Édouard est également troublé par ses sentiments envers Olivier, l'autre neveu, qu'il trouve captivant mais avec qui il peine à établir une relation. Il ressent une déconnexion entre sa vie personnelle et son œuvre littéraire, ce qui l'inquiète.

XII

La lecture du journal d'Édouard se poursuit. Celui-ci évoque une conversation avec Douviers, futur mari de Laura, et ses réflexions sur ce mariage. Édouard exprime son manque de sympathie pour Douviers, tout en reconnaissant qu'il sera un bon mari pour Laura. Il assiste ensuite au mariage de Laura, où il est frappé par ses souvenirs et par sa relation avec Olivier, dont la présence le trouble profondément. Édouard note également ses observations sur la famille Vedel-Azaïs et les interactions entre Olivier, Armand, et Sarah, dévoilant les tensions et les comportements ambigus au sein de cette famille. Le chapitre se termine par les réflexions de Bernard, qui, en lisant le journal d'Édouard, découvre une autre facette d'Olivier et se sent exclu de cet univers, ce qui le perturbe profondément.

XIII

La lecture du journal continue. Édouard visite son ancien maître de piano, La Pérouse, qui semble vieilli et désabusé. Au cours de leur conversation, La Pérouse confie ses réflexions sur la vieillesse, la désillusion, et sa souffrance liée à la dégradation de sa relation avec sa femme. Il révèle également un secret douloureux concernant son fils décédé et son petit-fils qu'il n'a jamais rencontré. Édouard est profondément touché par cette rencontre. Par ailleurs, Édouard continue de s'interroger sur le tragique moral, le drame intérieur, et sa fascination pour Olivier, dont il tente de se détacher en décidant de partir pour Londres.

XIV

Bernard termine la lecture du journal d'Édouard, où il découvre la lettre de Laura, révélant sa détresse en tant que maîtresse abandonnée de Vincent Molinier. Saisi par l'urgence de la situation, Bernard décide de rencontrer Laura pour lui offrir son aide. Il se rend chez elle et, malgré une entrée maladroite, il parvient à gagner sa confiance. Pendant leur échange, Édouard les surprend, reconnaît Bernard comme le voleur de sa valise, mais les deux hommes finissent par se comprendre. Édouard propose à Bernard de revenir le lendemain pour discuter de son avenir. Le chapitre se termine avec Édouard rendant visite aux Molinier, espérant parler à Olivier, tandis que ce dernier se rend chez le comte de Passavant.

XV

Olivier se rend chez Robert de Passavant, qui l'accueille chaleureusement et lui propose de participer à la direction littéraire d'une nouvelle revue. Malgré ses réticences initiales, Olivier est flatté par l'offre. Robert de Passavant tente de le séduire par son attention et son charme, mais Olivier reste méfiant. Passavant, qui doit recevoir un autre visiteur, écourte l'entretien après avoir offert à Olivier un exemplaire dédicacé de son livre *La Barre fixe*. Olivier quitte les lieux, intrigué par la dédicace ambiguë, et rentre chez lui, juste après le départ d'Édouard, qui l'avait attendu en vain.

XVI

Vincent lutte contre sa conscience après avoir trahi Laura. Il traverse diverses phases de justification morale, se convainquant de la justesse de ses actions, malgré un malaise persistant. Vincent, manipulé par ses propres rationalisations, finit par rompre avec Laura. Plus tard, il se confie à Lilian, exprimant ses doutes et son sentiment de malaise, tandis qu'elle le pousse à assumer ses choix. Robert de Passavant les rejoint, et ils partent dîner ensemble à Rambouillet.

XVII

Vincent discute avec Robert de Passavant et Lilian, exprimant des réflexions sur la biologie et la nature, qu'il relie à la psychologie humaine. Il partage notamment ses observations sur la sélection naturelle et les adaptations des animaux marins. Pendant le dîner, Passavant propose à Vincent d'intercéder auprès de leurs parents pour emmener Olivier en voyage, avec l'intention de l'intégrer dans son projet de revue littéraire. Vincent, tout en restant méfiant, accepte vaguement, bien que conscient des manipulations de Passavant.

XVIII

Édouard, à travers son journal, décrit la perte et la récupération de sa valise, soulignant son attachement à son journal intime. Il rend visite à La Pérouse et découvre la tension intense entre ce dernier et sa femme. La Pérouse confie à Édouard une enveloppe contenant un titre de rente destiné à son petit-fils, Boris, révélant également son intention de mettre fin à ses jours dans trois mois. Leur conversation dévie sur des sujets philosophiques, révélant l'inquiétude existentielle de La Pérouse.

DEUXIÈME PARTIE : SAAS-FÉE

I

Bernard écrit une lettre à son ami Olivier depuis Saas-Fée, lui expliquant qu'il a décidé de ne pas passer son examen pour partir en voyage en Suisse avec Édouard et Laura. Bernard raconte son admiration pour Laura et Édouard, ainsi que ses nouvelles expériences en Suisse. La lettre suscite chez Olivier une intense jalousie, le laissant tourmenté par l'idée d'être remplacé dans le cœur de Bernard et d'Édouard.

II

Édouard, à travers son journal, raconte sa rencontre avec Boris, qu'il observe à l'hôtel en Suisse. Boris est sous la garde d'une doctoresse polonaise, Mme Sophroniska, qui s'occupe de lui en raison de troubles nerveux. Édouard décrit la conversation entre Boris et une jeune fille nommée Bronja, et note la méthode de la doctoresse pour soigner Boris en l'encourageant à exprimer ses pensées et ses rêves. Édouard réfléchit également aux limitations des romanciers à comprendre l'âme humaine, avant de mentionner brièvement la progression de son roman et sa satisfaction de voir Laura et Mme Sophroniska bien s'entendre.

III

La relation entre Édouard, Bernard et Laura est explorée en profondeur, révélant des tensions sous-jacentes. Laura se sent mal à l'aise et coupable de dépendre financièrement d'Édouard sans pouvoir lui rendre quoi que ce soit en retour, ce qui la frustre. Bernard, de son côté, est déçu par le manque de direction claire dans son rôle de secrétaire pour Édouard, mais reste persuadé que son avenir est prometteur.

Édouard, lui, est partagé entre son désir de créer un roman innovant et la difficulté à articuler ses idées, surtout lorsqu'il est en présence de Bernard. Lors d'une discussion sur son roman en cours, il expose ses réflexions sur l'absence de sujet précis dans son œuvre, ce qui provoque des réactions mitigées de la part de Laura et de Mme Sophroniska. Édouard se montre particulièrement sensible aux critiques et aux regards de Bernard, qu'il peine à satisfaire.

La discussion est interrompue par l'arrivée des enfants, Boris et Bronja, qui ont eu une expérience troublante lors de leur promenade, reflétant la fragilité des méthodes éducatives de Mme Sophroniska. Édouard se rend ensuite compte que Victor Strouvilhou, un personnage d'intérêt, a récemment séjourné à l'hôtel, ce qui pique sa curiosité pour en apprendre davantage.

IV

Bernard discute avec Laura de ses réflexions philosophiques sur le doute et la relativité des vérités, exprimant son admiration pour elle et son désir de se mettre à son service. Il avoue progressivement son amour pour Laura, qui, bien qu'émue, tente de le dissuader en évoquant son retour imminent auprès de son mari, Félix Douviers, qui l'a suppliée de revenir. Laura, déchirée entre ses sentiments pour Édouard et Bernard, se montre touchée par la dévotion de ce dernier, mais insiste sur la nécessité de retourner à ses devoirs conjugaux. Elle demande à Bernard de lui offrir en souvenir la petite pièce de monnaie fausse qu'il avait montrée la veille, ce qu'il fait sans hésiter, marquant ainsi un moment de résignation et d'acceptation de la séparation à venir.

V

Édouard réfléchit au « sujet profond » de son roman, qui explore la tension entre le monde réel et la représentation que chacun s'en fait. Il craint de ne pas s'entendre avec Bernard, un réaliste.

Sophroniska confie à Édouard que Boris a été marqué par des pratiques « magiques » qui ont conduit à des troubles nerveux. Bien qu'elle pense l'avoir guéri, Édouard doute et propose d'envoyer Boris en pension chez les Azaïs à Paris, espérant qu'il y trouvera un environnement propice à son rétablissement.

VI

Olivier répond à la lettre de Bernard et lui annonce qu'il a bien passé son examen et qu'il est parti en voyage en Corse avec le comte de Passavant, qu'il trouve charmant. Olivier est devenu rédacteur en chef d'une revue financée par Passavant, mais cache son ressentiment envers Édouard.

Bernard montre la lettre à Édouard, qui est blessé par les sentiments exprimés. Ils discutent de leur relation compliquée, et Bernard propose de travailler à la pension Vedel-Azaïs pour aider Boris tout en continuant à soutenir Édouard. Bernard exprime finalement sa haine pour Passavant.

VII

L'auteur, à travers le personnage d'Édouard, exprime ses doutes sur la direction de son récit, craignant que placer Boris chez les Azaïs soit une erreur. Il critique Édouard pour sa curiosité expérimentale qui pourrait nuire à Boris. L'auteur réfléchit également sur les personnages de Bernard, qu'il considère trop jeune pour diriger une intrigue, et Olivier, qu'il craint voir corrompu par Passavant. Finalement, il exprime sa déception envers les personnages secondaires comme Laura et Douviers, regrettant qu'ils n'aient pas la force de caractère qu'il recherche pour ses histoires futures.

TROISIÈME PARTIE : PARIS

I

La lecture du journal reprend. Édouard rentre à Paris et amène Boris chez son grand-père, mais l'entente entre eux semble difficile. Il rencontre ensuite Molinier, le père d'Olivier, qui lui parle de ses fils, notamment du voyage d'Olivier en Corse avec Passavant, et de sa propre vie conjugale, admettant ses infidélités. Molinier exprime des doutes sur l'influence de Bernard Profitendieu, un ami d'Olivier, en raison de la naissance illégitime de ce dernier. Molinier mentionne également une affaire de prostitution impliquant de jeunes lycéens, suggérant que Bernard pourrait être lié. Enfin, Édouard reçoit une mystérieuse demande de Rachel, la sœur de Laura, qui souhaite lui parler.

II

La lecture du journal se poursuit. Édouard se rend à la pension Vedel où il rencontre Rachel, qui demande son aide financière. Après avoir échangé avec Azaïs, qui lui parle de la situation de Boris et de La Pérouse, Édouard rejoint Rachel. Elle lui demande un prêt de 10 000 francs pour résoudre des problèmes financiers à la pension, sans en informer sa famille. Il accepte et lui donne une partie de la somme. Armand, le frère de Rachel, exprime cyniquement sa frustration et critique durement Laura et leur famille, soulignant le poids du sacrifice de Rachel.

III

Le chapitre concerne toujours la lecture du journal. Édouard rend visite à La Pérouse, qui se trouve dans un état de profonde dépression. La Pérouse affirme qu'il est « mort » depuis mercredi, jour où il avait prévu de se suicider après avoir revu son petit-fils Boris, mais il n'a pas eu le courage de le faire. Il confie à Édouard ses pensées suicidaires et sa tristesse concernant sa femme, qui lui reprochait d'être trop attaché à son frère défunt. Finalement, Édouard parvient à le convaincre d'accepter l'offre de vivre à la pension Azaïs, où il sera pris en charge, aux côtés de son petit-fils.

IV

Le chapitre décrit la rentrée des classes à la pension Vedel, marquée par un discours du vieil Azaïs et la présence de La Pérouse, qui observe anxieusement Boris. Boris se sent mal à l'aise parmi ses camarades, notamment à cause de Léon Ghéridanisol, un élève audacieux qui domine rapidement le groupe. Georges Molinier et Philippe Adamanti discutent de leur vie débridée, tandis que Gontran de Passavant se distingue par sa solitude et son indépendance. Plus tard, Bernard raconte à Édouard ses premières impressions sur les élèves et exprime sa tristesse.

V

Olivier, de retour à Paris, se dépêche de retrouver Bernard, qui passe son examen écrit. Ils se retrouvent à la sortie, mais une tension naît entre eux. Bernard, plus sérieux et engagé dans des réflexions profondes, critique des idées superficielles qu'Olivier a adoptées de Passavant. Ils discutent de leurs perspectives littéraires, Bernard doutant de vouloir écrire, préférant l'action à la création littéraire. Olivier, de plus en plus mal à l'aise avec sa relation avec Passavant, tente de recoller les morceaux avec Bernard, sans succès. Ensuite, Olivier, cherchant un soutien auprès de son oncle Édouard, découvre qu'il est absent, ce qui renforce son malaise.

VI

Retour au journal d'Édouard. Celui-ci converse avec Pauline, la femme d'Oscar Molinier. Elle lui confie ses frustrations et ses désillusions envers son mari, qu'elle décrit comme faible et sans autorité, surtout avec leurs enfants. Elle exprime son inquiétude grandissante face à la distance émotionnelle avec Olivier et se demande si elle a perdu la confiance de son fils. Elle évoque également Georges, qu'elle soupçonne d'avoir volé de l'argent, sans toutefois en avoir la preuve. Pauline révèle à Édouard ses efforts constants pour maintenir une façade d'harmonie familiale malgré les faiblesses de son mari.

VII

Olivier, frustré de ne pas avoir trouvé son oncle Édouard, se rend chez Armand à la pension Vedel pour chercher réconfort. Il découvre une petite chambre misérable où Armand vit dans des conditions précaires. Armand exprime son cynisme et son mal-être, enchaînant des blagues et des réflexions désabusées sur sa propre insuffisance. Il parle également de sa sœur Rachel, dont la vue décline. Olivier, mal à l'aise face au désespoir de son ami, tente d'engager une conversation sérieuse. Armand, oscillant entre ironie et tristesse, finit par refuser l'invitation d'Olivier à un banquet des Argonautes, suggérant plutôt que Sarah, sa sœur, pourrait s'y rendre.

VIII

Bernard et Édouard vont chercher Sarah pour l'emmener au banquet des Argonautes. Sarah, avertie par son frère Armand, feint de se coucher devant sa mère mais s'échappe discrètement pour les rejoindre. Ensemble, ils arrivent à la Taverne du Panthéon, où le banquet touche à sa fin. Plusieurs personnages, dont Passavant, Jarry et des invités, sont présents. Passavant, essayant de séduire Sarah, sème le trouble. Olivier, de plus en plus mal à l'aise et ivre, finit par provoquer Dhurmer en le giflant, ce qui cause une scène de chaos. Édouard, inquiet pour Olivier, l'emmène finalement avec lui. Bernard, furieux de voir Sarah avec Passavant, raccompagne Sarah à la pension, où Armand les enferme malicieusement dans la chambre de Sarah.

IX

Armand, incapable de dormir, se lève à l'aube et observe Sarah et Bernard endormis ensemble. Ému et troublé, il contemple leur intimité avant de fuir. Bernard, après une nuit de passion, quitte discrètement Sarah et retourne à sa chambre. Il est hanté par des souvenirs de Laura et tente de se concentrer sur son examen, mais finit par s'évader au Luxembourg.

Pendant ce temps, chez Édouard, Olivier tente de se suicider par asphyxie au gaz, mais Édouard le sauve in extremis. Édouard veille sur lui tandis que Bernard et Lucien arrivent.

Bernard se rappelle des paroles d'Olivier sur le suicide. Bercail, quant à lui, craint que l'incident soit perçu comme une tentative d'éviter un duel. Georges, venu chercher les affaires d'Olivier chez Passavant, apprend la situation et se réjouit d'être dans la confidence.

X

Édouard informe Bernard qu'Olivier souhaite le revoir. Bernard lui rend visite, et Olivier, bien qu'affaibli, exprime qu'il regrette son comportement sans donner de détails. Édouard reçoit une lettre de Laura, qui l'alerte que son mari Félix veut provoquer en duel l'amant de Laura. Édouard et Bernard discutent de la situation.

Pauline, la mère d'Olivier, visite Édouard et montre de l'inquiétude pour ses fils, en particulier Georges, tout en exprimant de la résignation face à sa vie. Olivier confie à Édouard qu'il regrette son comportement récent et souhaite oublier ses erreurs.

XI

Édouard se rend chez le comte de Passavant pour récupérer les affaires d'Olivier. Malgré ses réticences, Édouard accomplit cette tâche, bien qu'il redoute l'affrontement avec Passavant. À sa surprise, Passavant accueille cette situation avec une certaine indifférence, affirmant qu'Olivier commençait à le gêner. Après avoir discuté des affaires d'Olivier et évoqué Vincent, Passavant tente de minimiser son attachement à Olivier. La conversation se termine sur un ton froid. Ensuite, Passavant reçoit Strouvilhou : les deux hommes discutent de la direction de la revue, puisque le comte projette de le nommer en remplacement d'Olivier. Mais Strouvilhou refuse le poste.

XII

Retour au journal d'Édouard. Ce dernier rapporte les affaires d'Olivier après sa visite chez Passavant et se sent envahi par une grande exaltation créatrice, ce qui le pousse à écrire plusieurs pages de son livre *Les Faux-monnayeurs*. Il reçoit ensuite la visite de Douviers, qui exprime son désir de surmonter la situation avec Laura, sans demander le nom du séducteur. Ensuite, le juge Profitendieu, le père de Bernard, vient confier à Édouard ses inquiétudes au sujet de Georges et des fausses pièces de monnaie en circulation. Profitendieu exprime également sa peine et son amour pour Bernard, ce qui touche profondément Édouard.

XIII

Bernard est reçu à son examen avec mention mais se sent seul et incapable de partager sa joie. Après des réflexions sur sa vie et ses choix, il a une vision d'un ange qui le guide à travers diverses expériences symboliques : il observe la douleur de ses camarades, médite dans l'église de la Sorbonne, et assiste à un discours dans une salle. L'ange l'encourage à prendre des décisions importantes pour son avenir. Bernard traverse ensuite des quartiers pauvres et ressent une grande tristesse face à la misère. La nuit, il lutte symboliquement avec l'ange, et au matin, il croise Rachel, comprenant qu'il doit rompre avec Sarah.

XIV

Bernard arrive chez Édouard avec ses affaires, ayant quitté la pension des Vedel après mûre réflexion. Marqué par sa lutte intérieure et souhaitant prendre son indépendance, il exprime son refus de dépendre de son père. Bernard et Édouard discutent de l'importance d'avoir un but dans la vie, mais Bernard avoue ses doutes sur la façon de le trouver. Il envisage plusieurs options pour subvenir à ses besoins, et Édouard propose de l'aider à trouver un emploi dans un journal. Pendant ce temps, une confrontation douloureuse se déroule entre Sarah et Rachel, où Sarah, refusant les remontrances de sa sœur, décide de repartir pour l'Angleterre, laissant Rachel désespérée.

XV

Reprise du journal d'Édouard. Celui-ci se rend à la pension pour parler d'abord avec La Pérouse, qui a du mal à contrôler les élèves et souffre de divers troubles, notamment des insomnies causées par des bruits imaginaires dans sa chambre. La situation de La Pérouse est pathétique, révélant sa fragilité due à l'âge. Ensuite, Édouard rencontre Georges et tente de l'avertir des dangers liés à ses larcins et à la fausse monnaie. Georges, bien que secoué par la menace du juge Profitendieu, ne semble pas réellement affecté par les leçons d'Édouard, mais décide tout de même, avec ses complices, de se débarrasser des fausses pièces pour éviter de se faire attraper.

XVI

Armand rend visite à Olivier, lui annonçant qu'il est devenu secrétaire de Passavant. Il raconte comment Cob-Lafleur a perdu une opportunité de travailler pour Passavant en se montrant provocateur. Armand et Olivier discutent de la vie, Armand exprimant son cynisme et son rejet de la vertu, notamment envers sa sœur Rachel. Armand évoque une possible maladie inquiétante à la bouche. Il termine en montrant une lettre de son frère Alexandre, qui a rencontré un homme mystérieux, peut-être lié à un crime, et qui n'est autre que Vincent Molinier.

XVII

Boris apprend la mort de Bronja par une visite de Madame Sophroniska à la pension, ce qui le plonge dans une profonde tristesse. Il se sent seul et exclu, notamment à cause des moqueries de ses camarades, en particulier Ghéridanisol, qui le méprise. Ghéridanisol et ses amis décident malgré tout de faire entrer Boris dans leur « confrérie des Hommes Forts » pour le soumettre à une épreuve dangereuse, manipulant sa détresse. Ils organisent une mise en scène visant à simuler le suicide de Boris, pendant l'étude, à l'aide d'un pistolet volé à La Pérouse. Mais ce que tout le monde ignore, excepté Ghéridanisol, est que l'arme est en réalité chargée.

XVIII

Boris se suicide accidentellement en pleine étude avec le pistolet, sous les yeux de ses camarades Ghéridanisol, Georges, et Phiphi. La Pérouse, impuissant, ne parvient pas à l'empêcher. Georges et Ghéridanisol cachent l'arme, mais Ghéridanisol montre des signes de nervosité. L'enquête ne les incrimine pas, mais Georges, bouleversé, avoue tout à sa mère.

Édouard, dans son journal, refuse d'utiliser cet événement pour son roman, car il ne le comprend pas. La pension ferme temporairement, et La Pérouse, désespéré, sombre dans des réflexions religieuses délirantes.

LES RAISONS
DU SUCCÈS

Le succès du roman *Les Faux-monnayeurs* d'André Gide peut être attribué à plusieurs facteurs. Ce roman, publié en 1925, apparaît dans une période de bouleversements majeurs en France et dans le monde, marquée par l'après-guerre et l'émergence de nouvelles perspectives sur la société et l'individu. La Première Guerre mondiale avait ébranlé les certitudes morales et les cadres traditionnels, ce qui a conduit à une remise en question de l'ordre établi. L'Europe était plongée dans une atmosphère de désillusion et de quête de sens, un terrain fertile pour un roman qui expose des thématiques telles que la fausseté, la duplicité et la quête de vérité dans les relations humaines. La société de l'époque se questionnait sur l'authenticité, la jeunesse et les nouveaux défis moraux, et *Les Faux-monnayeurs* s'inscrit parfaitement dans cette ambiance en explorant ces préoccupations à travers les tribulations de ses jeunes personnages, qui cherchent à se construire dans un monde instable.

Ce succès tient aussi à la manière dont Gide renverse les conventions romanesques de son temps. À une époque où le roman réaliste et naturaliste restait encore dominant dans une certaine mesure, avec des œuvres cherchant souvent à représenter fidèlement la réalité sociale ou psychologique, *Les Faux-monnayeurs* adopte une approche différente, plus expérimentale. Gide remet en question les codes du roman traditionnel, notamment en faisant de son roman un « roman sur le roman », une œuvre réflexive qui expose les processus de création littéraire. Le personnage d'Édouard, écrivain qui travaille sur un roman intitulé *Les Faux-monnayeurs* au sein du livre même, crée une mise en abyme qui interroge la nature de la fiction, de l'écriture, et de l'artifice. Ce jeu métatextuel était relativement novateur pour l'époque, préfigurant certaines approches postmodernes qui apparaîtront plus tard dans la littérature mondiale. De plus, la structure éclatée et polyphonique de l'œuvre, où Gide superpose différentes intrigues et multiplie les points de vue narratifs, marque une rupture avec les constructions linéaires classiques, ce qui a fasciné les lecteurs et les critiques littéraires, séduits par cette modernité formelle.

L'accueil de ce roman a également été amplifié par la stature déjà bien établie de Gide dans le paysage intellectuel français. À cette époque, il était un écrivain et penseur respecté, avec une réputation consolidée par des œuvres précédentes comme *L'Immoraliste* ou *La Symphonie pastorale*. Gide, membre influent de la NRF (Nouvelle Revue Française), un acteur central du monde littéraire de l'entre-deux-guerres, jouissait d'un réseau puissant d'éditeurs, de critiques et d'intellectuels qui ont joué un rôle crucial dans la diffusion et la réception de son œuvre. La NRF, par exemple, a publié et promu *Les Faux-monnayeurs*, contribuant à son rayonnement dans les cercles littéraires et au-delà. La presse de l'époque a largement couvert la sortie du roman, en soulignant son caractère novateur et la richesse de ses thèmes. Cette couverture médiatique, qui bénéficiait d'un lectorat bourgeois et intellectuel attentif aux nouveautés littéraires, a permis au roman de rapidement trouver un écho auprès d'un large public.

Enfin, les thèmes abordés dans le roman ont contribué à susciter des débats et des discussions au sein de la société française de l'époque. En explorant des sujets tels que l'homosexualité, la moralité, et les tensions intergénérationnelles, Gide s'aventure sur un terrain à la fois audacieux et provocateur. À une époque où les mœurs étaient encore relativement conservatrices, le traitement sans fard des relations homosexuelles, notamment à travers les personnages d'Olivier et d'Édouard, a choqué certains tout en captivant d'autres. Cette audace thématique, couplée à une approche psychologique subtile, résonne avec un moment historique où les normes sociales commencent à se fissurer, ouvrant la voie à une nouvelle ère de questionnements sur l'identité, la sexualité et les libertés individuelles. Gide, par sa plume, se fait l'écho de ces questionnements, en mettant en scène des personnages en quête d'eux-mêmes, souvent tiraillés entre leurs désirs personnels et les attentes de la société. Ce portrait sans concession de la jeunesse, à la fois critique et empathique, trouve un écho particulier dans une France qui se reconstruisait après les traumatismes de la guerre, où les générations se trouvaient confrontées à des valeurs en mutation rapide.

LES THÈMES
PRINCIPAUX

Dans *Les Faux-monnayeurs*, la quête d'identité et la duplicité sont deux thèmes étroitement liés, qui s'entrelacent
pour former la trame complexe des relations humaines et des
parcours individuels des personnages. La recherche de soi,
centrale pour des personnages comme Bernard, Olivier et
Édouard, s'accompagne constamment d'un jeu de masques,
où la fausseté et la tromperie, tant envers les autres qu'envers
soi-même, brouillent la possibilité d'atteindre une vérité personnelle.

Bernard, par exemple, est un personnage en pleine quête
d'émancipation, cherchant à s'affranchir de l'autorité de son
père adoptif, le juge Profitendieu, et des attentes familiales
bourgeoises qui l'étouffent. Son désir d'indépendance le
pousse à rejeter les valeurs traditionnelles, mais il ne cesse
d'être rattrapé par des dilemmes moraux qui le plongent
dans une ambiguïté intérieure. Bernard rêve de liberté, mais
ce chemin est semé de contradictions. Sa fuite avec la valise
volée est un geste symbolique de rupture, mais c'est aussi
un acte de tromperie envers lui-même, car il ne sait pas encore quelle direction prendre. Sa quête d'identité se heurte à
des moments de fausseté, où il essaie de se convaincre qu'il
est capable de tout maîtriser, alors que la réalité le pousse à
confronter ses propres limites.

Édouard, de son côté, incarne cette recherche de soi à travers l'art, notamment à travers l'écriture de son roman, *Les
Faux-monnayeurs*. Pourtant, sa réflexion sur la création artistique et sur les jeunes gens qui l'entourent révèle un double
jeu constant. Il oscille entre mentor et manipulateur, créant
une distance entre ce qu'il ressent profondément et ce qu'il
montre aux autres. En s'investissant dans la vie d'Olivier,
il projette des désirs et des attentes sur ce jeune homme en
quête de repères, tout en cachant ses véritables sentiments.
Son rapport à la vérité, tant littéraire que personnelle, est

trouble. Par l'écriture, Édouard essaie de donner un sens à sa vie, mais en même temps, il manipule les événements et les personnages réels pour les plier à sa vision artistique, créant ainsi une forme de duplicité entre son rôle d'auteur et celui d'homme.

Olivier, lui, incarne à la fois l'innocence et la complexité d'une quête identitaire marquée par la confusion des sentiments. Pris entre l'influence de son frère Vincent, le charme d'Édouard, et son propre besoin de se détacher de sa famille, il navigue dans un monde où l'apparence et la vérité se brouillent constamment. Son désir d'affirmation personnelle est entravé par une sorte de soumission aux attentes des autres, notamment à celles d'Édouard, qui voit en lui un reflet de ses propres ambitions littéraires. Cette relation ambiguë entre le maître et l'élève devient un terrain fertile pour la tromperie, où Olivier, souvent perdu, tente de s'émanciper tout en étant manipulé par ceux qui prétendent l'aider à se découvrir.

Le motif de la fausse monnaie, qui traverse l'intrigue, devient alors une métaphore puissante de cette dualité. Les personnages comme Georges et Ghéridanisol, impliqués dans un trafic de fausse monnaie, représentent symboliquement cette fausseté sociale et morale. Leur activité illégale est le miroir de leur propre malhonnêteté envers eux-mêmes et les autres, un masque qu'ils portent pour maintenir une illusion de contrôle et de pouvoir. Georges, en particulier, cache sa fragilité derrière une façade de cynisme et de manipulation, jouant un rôle de leader dans un monde adolescent où la morale est constamment fléchie. Son implication dans les faux-monnayeurs reflète son incapacité à affronter la vérité de ses propres insécurités.

Par ailleurs, la tension entre la liberté individuelle et le déterminisme imprègne les choix et les dilemmes des personnages, chacun luttant, à sa manière, contre les forces qui cherchent à les façonner. Ainsi, Édouard semble plus résigné face aux forces qui façonnent la destinée humaine. Il ne cesse de réfléchir à la manière dont la vie, comme la création littéraire, est marquée par un enchevêtrement de choix et de contraintes extérieures. Pour Édouard, la liberté individuelle existe, mais elle est limitée par le contexte dans lequel chaque individu évolue. Cette idée se manifeste à travers son projet d'écriture, où il cherche à représenter la vie de manière authentique, sans l'idéaliser, en tenant compte des contraintes sociales, morales et même psychologiques qui pèsent sur ses personnages. Par exemple, il observe avec lucidité les difficultés d'Olivier à se détacher des attentes familiales et des influences extérieures. Olivier, tiraillé entre son amour pour Édouard et son devoir envers sa famille, est incapable de se libérer totalement de ces forces qui le déterminent. Même lorsqu'il semble faire un choix, ce dernier est toujours conditionné par les attentes des autres, qu'il s'agisse de celles de son frère Vincent ou de celles de sa mère, Pauline Molinier.

Vincent, d'ailleurs, est un autre exemple de personnage dont la vie semble déterminée par des forces extérieures puissantes, mais qui, paradoxalement, revendique une certaine forme de liberté. En fuyant en Amérique, puis en Afrique, il cherche à échapper à son milieu bourgeois et aux règles de sa famille. Cependant, même dans l'exotisme et l'éloignement géographique, Vincent ne parvient pas à se soustraire aux forces qui l'ont façonné. Ses correspondances avec Armand révèlent qu'il continue d'être influencé par le modèle familial et les valeurs qu'il tente pourtant de rejeter. Il est également victime de ses propres illusions sur la liberté, croyant qu'un changement de lieu peut effacer les influences profondes de son passé.

La relation entre la liberté individuelle et le déterminisme se retrouve également dans le personnage d'Armand, qui, en dépit de sa façade de cynisme et de rébellion contre les valeurs morales imposées par son père pasteur, semble être condamné à jouer le rôle de l'anti-héros. Armand clame vouloir se libérer de l'hypocrisie morale de sa famille, notamment de la foi rigide et autoritaire de son père. Pourtant, cette révolte elle-même apparaît déterminée par son éducation puritaine, qui continue de marquer sa vie. Son rejet de la morale traditionnelle n'est qu'une autre forme d'enfermement, car il ne fait que réagir contre ce qu'il méprise, sans parvenir à se définir indépendamment de cette opposition. Le déterminisme familial, même dans la révolte, le maintient prisonnier.

La tension entre la liberté et le déterminisme dans *Les Faux-monnayeurs* se manifeste également à travers des choix cruciaux. Par exemple, Georges semble prendre des décisions libres et audacieuses. Cependant, ces choix révèlent rapidement les limites de sa liberté, car ils sont dictés par son désir de reconnaissance au sein du groupe, notamment par Ghéridanisol, qui exerce une influence déterminante sur lui. Georges se persuade qu'il agit par rébellion et par défi, mais en réalité, il est prisonnier d'une quête de validation sociale, d'un besoin de prouver sa valeur aux yeux de ses camarades. Cette dépendance à l'égard de l'approbation des autres montre à quel point ses choix sont conditionnés par des facteurs extérieurs.

Ensuite, il est intéressant de noter que l'école, en tant qu'institution éducative, est remise en question dans le roman. La pension Vedel, où se trouvent plusieurs jeunes personnages, apparaît comme un lieu de tensions, où l'éducation ne semble plus adaptée aux attentes et aux aspirations des élèves. La figure de La Pérouse, le vieux professeur de piano devenu surveillant, illustre cette rupture entre les générations. Son autorité vacille, et il peine à imposer le respect des élèves, qui se moquent de lui et le surnomment le « père Lapère ». Ce manque de discipline témoigne de l'échec de l'institution scolaire à établir un cadre éducatif solide. Les élèves, comme Ghéridanisol et Georges, prennent un malin plaisir à défier l'autorité, rendant La Pérouse complètement impuissant. L'institution scolaire, au lieu de former et de guider la jeunesse, devient un espace de dérision, où l'autorité est constamment mise à mal.

Enfin, la sexualité et l'homosexualité occupent une place fondamentale et reflètent le désir de Gide de remettre en question les normes sociales rigides de son époque. La sexualité y est dépeinte non seulement comme une force de découverte personnelle, mais aussi comme un terrain de transgression et de conflit avec les conventions bourgeoises. L'homosexualité, en particulier, est abordée de manière complexe et nuancée, notamment à travers les personnages d'Édouard et Olivier, offrant une réflexion sur le désir et l'identité, sans tomber dans le jugement moral ou la condamnation.

Le personnage d'Édouard incarne ce questionnement de l'identité sexuelle. Son attirance pour Olivier est traitée avec subtilité, loin de toute caricature ou dramatisation excessive. Loin de cacher son homosexualité, Édouard l'accepte comme une partie intégrante de son être. Cette relation, bien que marquée par une distance émotionnelle, permet à Édouard d'exprimer une forme de tendresse et de désir qui échappe aux cadres traditionnels de la société hétéro-normée. Olivier, de son côté, apparaît à la fois comme objet de fascination pour Édouard et comme un jeune homme encore en quête de lui-même, oscillant entre différentes influences, notamment celle de son frère Vincent, qui incarne une virilité rigide et conventionnelle.

La relation entre Édouard et Olivier se situe ainsi dans un espace ambigu, où le désir homosexuel n'est ni condamné ni glorifié, mais présenté comme une réalité complexe, souvent difficile à saisir, et qui reflète une quête de vérité intérieure.

Leur lien met en lumière l'écart entre les conventions sociales et la réalité des sentiments, un écart qui ne cesse de s'élargir tout au long du roman. Le fait qu'Édouard se montre plus mûr, plus conscient de ses désirs, contraste avec l'hésitation d'Olivier, qui oscille entre l'acceptation et la confusion, représentative de l'incertitude de la jeunesse.

Ce traitement de l'homosexualité est particulièrement audacieux pour l'époque de Gide, où l'homosexualité était largement stigmatisée. Toutefois, ce qui rend *Les Faux-monnayeurs* si novateur, c'est que Gide refuse de réduire l'homosexualité à un simple acte de rébellion ou de marginalité. Elle est plutôt présentée comme une forme d'expression naturelle de la sexualité humaine, au même titre que les autres orientations sexuelles. Le roman explore la question du désir d'une manière plus large, notamment à travers d'autres personnages, comme Bernard, qui lui aussi explore sa propre identité sexuelle en se détachant des modèles traditionnels imposés par son éducation bourgeoise.

L'un des exemples les plus frappants de cette remise en cause des normes sexuelles se trouve dans l'amitié ambiguë entre Olivier et Bernard. Leur lien, bien qu'il ne soit jamais explicitement sexuel, est empreint d'une tension sous-jacente qui interroge les frontières de l'amitié et du désir. À plusieurs moments, la relation entre ces deux jeunes hommes semble frôler l'homoérotisme, sans jamais le concrétiser pleinement, ce qui reflète une part d'incertitude et d'exploration propre à l'adolescence. Cette ambiguïté permet à Gide de suggérer que l'identité sexuelle n'est pas figée, mais évolutive et fluide, marquée par les rencontres et les expériences de chacun.

En parallèle, les relations hétérosexuelles dans le roman ne sont pas épargnées par cette exploration critique des normes sexuelles. Par exemple, la liaison entre Bernard et Laura met en lumière une autre forme de transgression sexuelle. Bernard, en s'attachant à une femme mariée, transgresse les normes morales de la société, mais cette relation lui permet aussi de se libérer de certaines conventions sociales. Cependant, cette liberté sexuelle est teintée de questionnements sur le pouvoir et la domination, reflétant ainsi la complexité des rapports entre hommes et femmes dans un monde où les conventions sexuelles sont en pleine mutation.

En abordant la question de la sexualité de manière aussi directe et nuancée, Gide se distingue par son refus des stéréotypes. Il présente la sexualité, qu'elle soit homosexuelle ou hétérosexuelle, comme un domaine d'exploration personnelle, un espace où les personnages tentent de comprendre qui ils sont vraiment, au-delà des étiquettes que la société voudrait leur imposer. Loin d'être un simple motif narratif, la sexualité devient un moyen pour Gide de poser des questions plus larges sur l'identité, la liberté individuelle, et les contraintes sociales.

ÉTUDE DU MOUVEMENT LITTÉRAIRE

Les Faux-monnayeurs d'André Gide appartient au mouvement littéraire du modernisme, tout en étant influencé par le symbolisme et le naturalisme, et s'inscrit dans une démarche de renouvellement du roman français du début du XXe siècle. Gide, avec ce roman, rompt délibérément avec les conventions narratives traditionnelles du réalisme et du naturalisme, et propose une structure et une narration innovantes, en phase avec les expérimentations littéraires modernes. Le modernisme, par son rejet des cadres anciens et son questionnement sur les limites de la représentation artistique, se manifeste dans ce roman par la rupture des normes de narration linéaire et des explorations profondes sur l'intériorité et l'ambiguïté des personnages.

En premier lieu, le roman illustre bien les caractéristiques de la littérature moderniste par sa structure narrative complexe et déstructurée. Gide utilise une narration fragmentée et multiple, proposant des points de vue variés, qui déconcertent le lecteur mais qui permettent aussi une compréhension nuancée des personnages. Plutôt que de suivre une chronologie ou une perspective centrale, *Les Faux-monnayeurs* entrelace plusieurs histoires et alterne des perspectives, ce qui montre une influence du courant moderniste qui valorise la multiplicité des points de vue. Par exemple, le récit principal se mêle aux extraits du *Journal d'Édouard*, créant une sorte de mise en abyme : le lecteur lit les réflexions d'un personnage sur l'écriture d'un roman appelé *Les Faux-monnayeurs*, qui est également le titre du livre qu'il a entre les mains. Cette structure métatextuelle, où le roman réfléchit sur sa propre forme, est une caractéristique moderne qui invite à une remise en question de la notion même de fiction et de la « vérité » dans la littérature.

De plus, *Les Faux-monnayeurs* remet en cause les conventions de la narration objective, propre aux courants réaliste et naturaliste, en plongeant dans la psychologie des personnages de manière subjective et expérimentale. Les personnages de Gide, comme Édouard, Bernard, Olivier et Georges, ne sont pas décrits de manière exhaustive par un narrateur omniscient ; au contraire, leurs pensées, leurs désirs, leurs contradictions internes sont révélés par fragments et par des dialogues intérieurs. Cette plongée dans l'intimité psychologique, sans visée moralisatrice, permet d'exposer l'authenticité et la complexité de chaque personnage, ce qui s'oppose à la construction plus rigide des personnages naturalistes, souvent utilisés pour illustrer une thèse ou une situation sociologique. Ici, Gide s'inspire du symbolisme, cherchant à suggérer des vérités intérieures et à explorer l'âme humaine au-delà des apparences visibles. En effet, dans le roman, les symboles jouent un rôle subtil : la fausse monnaie, par exemple, n'est pas seulement une affaire criminelle mais une métaphore des faux-semblants dans les relations humaines et dans la société.

Le choix de Gide d'intégrer des thèmes tabous, comme l'homosexualité, l'adultère, et les questionnements existentiels, ainsi que son refus de porter un jugement moral sur ses personnages, montre une volonté moderniste de rompre avec les valeurs bourgeoises et les attentes morales du public. En plaçant la liberté individuelle, la quête de soi et le doute au centre de l'intrigue, il s'inscrit dans un courant d'inspiration existentialiste, qui explore la complexité et l'incertitude de l'existence humaine. Les personnages de Gide, en particulier les jeunes comme Bernard et Olivier, ne sont pas simplement déterminés par leur environnement ; ils luttent pour définir leur propre identité dans un monde où les repères moraux et familiaux sont fragilisés, ce qui reflète la vision moderniste d'une humanité confrontée à l'absurde et au vide de sens.

Le thème de la fausseté, abordé à travers la métaphore des faux-monnayeurs, souligne également l'influence de la littérature symboliste sur le roman. Cette fausseté n'est pas uniquement littérale, elle touche aussi les comportements et les relations sociales. En explorant les masques que les personnages portent, Gide expose un monde où les identités sont instables et où la vérité semble insaisissable. Le titre même, *Les Faux-monnayeurs*, renvoie au thème central du mensonge et de l'authenticité, que ce soit dans les relations humaines, dans la création littéraire, ou dans la quête d'identité personnelle. Cette mise en abyme symbolique est typique du modernisme, qui s'intéresse à la subjectivité et aux ambiguïtés de la réalité.

Enfin, Gide introduit dans le roman une dimension critique de la société et de la littérature elle-même. Par son personnage d'Édouard, écrivain en quête de nouvelles formes, Gide expose les dilemmes et les frustrations de l'artiste moderne face aux attentes du public et aux limites de l'expression littéraire. Édouard, à travers son journal et ses réflexions sur le roman qu'il souhaite écrire, questionne le rôle de l'écrivain et de la fiction. Par son projet littéraire, Édouard incarne la volonté d'innover et de rompre avec le roman classique, en cherchant à capturer la multiplicité de l'expérience humaine. Cette démarche autocritique, où le personnage-écrivain débat de la manière d'écrire et des moyens de capturer l'authenticité dans la fiction, s'inscrit pleinement dans le projet moderniste de réinventer la littérature en la confrontant à ses propres limites.

DANS LA MÊME COLLECTION
(par ordre alphabétique)

- **Anonyme**, *La Farce de Maître Pathelin*
- **Anouilh**, *Antigone*
- **Aragon**, *Aurélien*
- **Aragon**, *Le Paysan de Paris*
- **Austen**, *Raison et Sentiments*
- **Balzac**, *Illusions perdues*
- **Balzac**, *La Femme de trente ans*
- **Balzac**, *Le Colonel Chabert*
- **Balzac**, *Le Lys dans la vallée*
- **Balzac**, *Le Père Goriot*
- **Barbey d'Aurevilly**, *L'Ensorcelée*
- **Barbey d'Aurevilly**, *Les Diaboliques*
- **Bataille**, *Ma mère*
- **Baudelaire**, *Les Fleurs du Mal*
- **Baudelaire**, *Petits poèmes en prose*
- **Beaumarchais**, *Le Barbier de Séville*
- **Beaumarchais**, *Le Mariage de Figaro*
- **Beauvoir**, *Mémoires d'une jeune fille rangée*
- **Beckett**, *Fin de partie*
- **Brecht**, *La Noce*
- **Brecht**, *La Résistible ascension d'Arturo Ui*
- **Brecht**, *Mère Courage et ses enfants*
- **Breton**, *Nadja*
- **Brontë**, *Jane Eyre*
- **Camus**, *L'Étranger*
- **Carroll**, *Alice au pays des merveilles*
- **Céline**, *Mort à crédit*
- **Céline**, *Voyage au bout de la nuit*

- **Chateaubriand**, *Atala*
- **Chateaubriand**, *René*
- **Chrétien de Troyes**, *Perceval*
- **Cocteau**, *Les Enfants terribles*
- **Colette**, *Le Blé en herbe*
- **Corneille**, *Le Cid*
- **Crébillon fils**, *Les Égarements du cœur et de l'esprit*
- **Defoe**, *Robinson Crusoé*
- **Dickens**, *Oliver Twist*
- **Du Bellay**, *Les Regrets*
- **Dumas**, *Henri III et sa cour*
- **Duras**, *L'Amant*
- **Duras**, *La Pluie d'été*
- **Duras**, *Un barrage contre le Pacifique*
- **Flaubert**, *Bouvard et Pécuchet*
- **Flaubert**, *L'Éducation sentimentale*
- **Flaubert**, *Madame Bovary*
- **Flaubert**, *Salammbô*
- **Gary**, *La Vie devant soi*
- **Giraudoux**, *Électre*
- **Giraudoux**, *La Guerre de Troie n'aura pas lieu*
- **Gogol**, *Le Mariage*
- **Homère**, *L'Odyssée*
- **Hugo**, *Hernani*
- **Hugo**, *Les Misérables*
- **Hugo**, *Notre-Dame de Paris*
- **Huxley**, *Le Meilleur des mondes*
- **Jaccottet**, *À la lumière d'hiver*
- **James**, *Une vie à Londres*
- **Jarry**, *Ubu roi*
- **Kafka**, *La Métamorphose*
- **Kerouac**, *Sur la route*
- **Kessel**, *Le Lion*

- **La Fayette**, *La Princesse de Clèves*
- **Le Clézio**, *Mondo et autres histoires*
- **Levi**, *Si c'est un homme*
- **London**, *Croc-Blanc*
- **London**, *L'Appel de la forêt*
- **Maupassant**, *Boule de suif*
- **Maupassant**, *Le Horla*
- **Maupassant**, *Une vie*
- **Molière**, *Amphitryon*
- **Molière**, *Dom Juan*
- **Molière**, *L'Avare*
- **Molière**, *Le Malade imaginaire*
- **Molière**, *Le Tartuffe*
- **Molière**, *Les Fourberies de Scapin*
- **Musset**, *Les Caprices de Marianne*
- **Musset**, *Lorenzaccio*
- **Musset**, *On ne badine pas avec l'amour*
- **Perec**, *La Disparition*
- **Perec**, *Les Choses*
- **Perrault**, *Contes*
- **Prévert**, *Paroles*
- **Prévost**, *Manon Lescaut*
- **Proust**, *À l'ombre des jeunes filles en fleurs*
- **Proust**, *Albertine disparue*
- **Proust**, *Du côté de chez Swann*
- **Proust**, *Le Côté de Guermantes*
- **Proust**, *Le Temps retrouvé*
- **Proust**, *Sodome et Gomorrhe*
- **Proust**, *Un amour de Swann*
- **Queneau**, *Exercices de style*
- **Quignard**, *Tous les matins du monde*
- **Rabelais**, *Gargantua*
- **Rabelais**, *Pantagruel*

- **Racine**, *Andromaque*
- **Racine**, *Bérénice*
- **Racine**, *Britannicus*
- **Racine**, *Phèdre*
- **Renard**, *Poil de carotte*
- **Rimbaud**, *Une saison en enfer*
- **Sagan**, *Bonjour tristesse*
- **Saint-Exupéry**, *Le Petit Prince*
- **Sarraute**, *Enfance*
- **Sarraute**, *Tropismes*
- **Sartre**, *Huis clos*
- **Sartre**, *La Nausée*
- **Senghor**, *La Belle histoire de Leuk-le-lièvre*
- **Shakespeare**, *Roméo et Juliette*
- **Steinbeck**, *Les Raisins de la colère*
- **Stendhal**, *La Chartreuse de Parme*
- **Stendhal**, *Le Rouge et le Noir*
- **Verlaine**, *Romances sans paroles*
- **Verne**, *Une ville flottante*
- **Verne**, *Voyage au centre de la Terre*
- **Vian**, *J'irai cracher sur vos tombes*
- **Vian**, *L'Arrache-cœur*
- **Voltaire**, *Candide*
- **Voltaire**, *Micromégas*
- **Zola**, *Au Bonheur des Dames*
- **Zola**, *Germinal*
- **Zola**, *L'Argent*
- **Zola**, *L'Assommoir*
- **Zola**, *La Bête humaine*
- **Zola**, *Nana*
- **Zola**, *Pot-Bouille*